JÚPITER

por Alissa Thielges

AMICUS

Gran Mancha Roja

nubes

Busca estas palabras e imágenes mientras lees.

núcleo

luna

¡Guau! ¿Es una estrella enorme?

No. Es Júpiter.

Nuestro sistema solar tiene
8 planetas.

El más grande es Júpiter.

Es el quinto más próximo al Sol.

Marte

La Tierra

Venus

Neptuno

Urano

Saturno

Júpiter

¿Ves la Gran Mancha Roja?

Es una tormenta gigante.

¡Es más grande que la Tierra!

Gran Mancha Roja

¿Ves las nubes?

Giran y soplan en bandas.

Júpiter es ventoso.

nubes

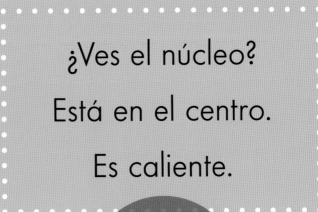

¿Ves el núcleo?

Está en el centro.

Es caliente.

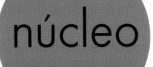

núcleo

¿Ves la luna?

Es la luna más grande de Júpiter.

Es más grande que Mercurio.

luna

¡Mira! Esa es Juno.

Viaja alrededor de Júpiter.

Toma fotografías.

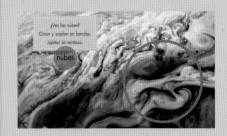

Gran Mancha Roja

nubes

¿Lo

encontraste?

núcleo

luna

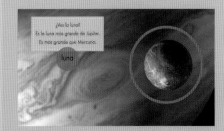

spot

Publicado por Amicus Learning, un sello de Amicus
P.O. Box 227, Mankato, MN 56002
www.amicuspublishing.us

Library of Congress Cataloging-in-Publication Data
Names: Thielges, Alissa, 1995– author.
Title: Júpiter / por Alissa Thielges.
Other titles: Jupiter. Spanish
Description: Mankato, MN : Amicus, [2024] | Series: Spot.
   Nuestro sistema solar | Audience. Ages 4–7 | Audience:
   Grades K–1 | Summary: "Jupiter—big and colorful. Early
   readers discover this mighty gas giant's key features
   and what makes it different from other planets in the
   solar system. Simple, Spanish text and a search-and-find
   feature   reinforce new science vocabulary in this North
   American Spanish translation"—Provided by publisher.
Identifiers: LCCN 2022049459 (print) | LCCN 2022049460
   (ebook) | ISBN 9781645495840 (library binding) |
   ISBN 9781681529080 (paperback) |
   ISBN 9781645496144 (ebook)
Subjects: LCSH: Jupiter (Planet)—Juvenile literature.
Classification: LCC QB661 .T47418 2024 (print) | LCC
   QB661 (ebook) | DDC 523.45—dc23/eng20230106
LC record available at https://lccn.loc.gov/2022049459
LC ebook record available at https://lccn.loc.
   gov/2022049460

Rebecca Glaser, editora
Deb Miner, diseñador de la serie
Lori Bye, diseñador de libro
Omay Ayres, investigación fotográfica

Créditos de Imágenes: Alamy/Stocktrek
Images, Inc. 3; Getty/ewg3D 4–5; iStock/
Ianm35 12–13; NASA/ESA/A. Simon
(Goddard Space Flight Center), M.H. Wong
(University of California, Berkeley), OPAL
team cover; NASA/JPL-Caltech/SwRI/MSSS/
Kevin M. Gill/6–7, 8–9; Shutterstock/Diego
Barucco 10–11, Elenarts 14, Nerthuz/1, 16

JÚPITER

Impreso en China